LE TOMBEAU
DE LA PAUVRETÉ

Dans lequel il est traité clairement de la transmutation des Métaux & du moyen qu'on doit tenir pour y parvenir.

PAR UN PHILOSOPHE INCONNU

SECONDE ÉDITION
Revue & augmentée de la Clef, ou
Explication des mots obscurs avec un
Songe Philosophique sur le sujet de l'Art.

À PARIS
M. DC. LXXXI

UNICURSAL

AUX CURIEUX.

Vous, qui recherchez les miracles,
  Que vous vante l'Antiquité,
Venez consulter les Oracles
  Du Tombeau de la Pauvreté.

D.V.

A
MADAME

MADAME

D****

M ADAME,

L'inclination particuliere que j'ay eu dés mon bas aage d'entendre parler des belles choses, s'augmentant de plus en plus avec le temps, me poussa à faire des voyages dans les pays les plus esloignez, pour satisfaire mon esprit dans la recherche des Sciences, les plus curieuses, ausquelles je me suis attaché avec d'autant plus d'opiniatreté, qu'elles me paroissoient impossibles, ayant

voulu voir pour cet effet tous ceux qui pour avoir des
Sciences extraordinaires, me sembloient estre infiniement
eslevez au dessus du Commun ; En quoy je n'ay pas esté
si malheureux, que je ne me sois entretenu avec plusieurs
grands personnages de toute sorte de Nation, du dessein
qui me poussoit de rechercher l'honneur de leur conver-
sation, pour me détromper de ma curiosité, ou pour m'y
confirmer d'avantage ; dont ayant receu la satisfaction
que je m'estois proposé par mille belles experiences sur
toute sorte de sciences ; je me suis enfin resolu de mettre
fin à tant de fatigues que j'ay souffertes pendant vingt
quatre années de voyage, en admirant continuellement
la Grandeur & la Bonté de Dieu, d'avoir rendu l'Esprit
de l'homme capable de tant de belles choses, incroya-
bles aux Ignorans, & si agreables à ceux qui ont des
Lumieres particulieres. La transmutation des metaux,
dont mon principal but à presant est de traicter, & que
tant de personnes combattent, pour n'avoir jamais esté
assez heureux d'en voir les effects, a esté une des curiosi-
tez à laquelle je me suis adonné depuis quelques années
avec le plus d'empressement, ne me pouvant persuader
(quand bien les effects ne s'en seroient pas démonstrez
auprez de plusieurs grands Princes de l'Europe) que tant
de grands personnages eussent voulu mettre leur reputa-
tion en compromis, de parler d'une chose qui n'auroit eu

*pour tout fondement qu'un raisonnement inutil, pour pousser les hommes dans des peines & des embarras, par leurs discours chimeriques. Or comme j'ay connu beaucoup de personnes de toutes conditions qui s'adonnoient à de semblables recherches sans aucun fondement, j'ay crû que je ne leur profiterois pas peu de leur donner ce petit discours, par lequel ils connoistront facilement leur erreur, on se confirmeront d'avantage en leur dessein; & quoy que mon but n'eust esté que d'en faire tirer quelques exemplaires seulement, pour les distribuer à mes amis particuliers, j'ay crû que je ne pouvois faire un plus grand bien aux Curieux, que de leur en faire part; Or MADAME, comme cet ouvrage ne peut luy mesme s'acquerir de l'Estime, puis que son Autheur mesme ne se fait pas connoistre j'ay pris la liberté de mettre sur son frontispice Vôtre Illustre nom de * * * * afin que par les brillans qui l'environnent, il y imprime aussi la grace & les attraits necessaires, pour se faire approuver sans peine, & lire sans désagrément. La claire & penetrante vivacité de vostre Esprit, qui vous faict penetrer dans les plus obscures sciences, de triompher dans les plus beaux arts, fera son lustre & sa valeur, si vous en faictes un jugement aussi favorable, que je l'attends judicieux; & s'il est assez heureux que d'estre receu de vos mains, il y rencontrera le mesme advantage que celuy que reçoi-*

vent les metaux imparfaits par la poudre de projection, qui par sa vertu aussi surprenante qu'elle est pretieuse transmüe la foible qualité de ces metaux, en celle du plus riche & du plus parfait ouvrage de la Nature ; Car tout ce qui s'aproche de vous, M A D A M E, doit estre pretieux, puis que tout ce qui s'y rencontre, y est inestimable ; & quand ce petit traicté sera tombé entre vos mains, je puis dire qu'il y rencontrera sa perfection par le rejaillissement de celle qui sort de toutes vos actions, & son Autheur sa gloire, s'il peut obtenir la permission de se dire avec tous les respects imaginables.

M A D A M E

Vostre tres-humble & tres-obeissant Serviteur N. N.

Patron General de la Societé des Philosophes Errans.

AU LECTEUR.

Ami Lecteur, j'avais résolu de ne point rendre ce petit Traité commun, puisque je n'en voulais donner la communication qu'à quelques Amis particuliers. Mais l'aveuglement que j'ai remarqué en plusieurs, qui consommaient le plus liquide de leurs biens, à la recherche de cette Pierre Philosophale, dont on parle tant, m'a obligé de leur faire part de ce petit discours, qui leur servira de fanal pour éviter les écueils, où sans doute ils feraient naufrage, se laissant emporter inconsidérément aux vagues d'une vaine Espérance, et d'un désir immodéré de devenir riches. Et pour dire la vérité, je ne crois pas qu'il n'y ait rien de plus ridicule, que telle sorte de gens, qui ayant ouï parler du magistère des Sages, ou lu dans quelques livres les grands

effets que l'on lui attribue, (dont le moindre est
de faire de l'Or et de l'Argent en quantité infinie,)
se laissent (suivant l'inclinaison naturelle que les
hommes ont d'être riches) si facilement persuader
à cette passion, qu'ils quittent toutes choses, pour
s'attacher à la conquête de la toison d'or, s'ima-
ginant que pour y arriver, il n'y a qu'a bâtir des
fourneaux, à brûler du charbon, et à casser des
verres, et se flattent de ce faux raisonnement, que
s'il est vrai que d'autres y soient parvenus, ils y
pourront aussi parvenir. Dans cette imagination
ils tentent toutes sortes de voies, et se servent de
tous les moyens, dont ils se peuvent aviser, pour
découvrir un si grand secret? Les uns par la lec-
ture, les autres par le travail. D'autres qui croient
être plus fins tâchent de l'escroquer, (de ceux qui
croient le savoir) par des souplesses, des subtilités,
et des artifices, (j'en connais plus de ceux-là, que
des autres) et après par une perfidie inouïe, décla-
ment contre ceux dont ils publiaient auparavant
les louanges, pour ne se pas témoigner leurs obli-
gés. Il y en a que trop de la sorte dans le mondes,
surtout un certain personnage, qui par une vanité
de persuader qu'il savait quelque chose au-dessus
du commun, s'est voulu titrer du nom de faiseur

de toutes choses, et qui dans le fond ne savait rien,
dont un certain Philosophe par un effet de bonté
toute particulière (le croyant plus sincère, qu'il ne
s'est depuis montré) lui donna le moyen de se rele-
ver de la mauvaise réputation qu'il s'était acquise
par l'administration de ses Remèdes violents, et
vomitifs, et s'acquérir une gloire avec profit, par
les effets surprenants des Remèdes qu'il donna
de la part de son Philosophe, dont ayant eu puis
après la connaissance, pour ne se pas témoigner
son obligé et s'en acquérir toute la gloire, dans
la croyance qu'il ne le reverrait jamais, voulait
faire entendre que par ses spéculations (quoique
Docteur sans lettres) il était parvenu à la connaissance de si grands secrets. Et d'autres enfin, déses-
pérant de la pouvoir acquérir par aucuns de ces
moyens, ont recours au crime, en la voulant avoir
par force, ou attentant finalement à la vie de ceux
qu'ils en croient être possesseurs, quoique le plus
souvent ils ne le soient que par imagination ; dont
après avoir attrapé quelques papiers à demi usé, ils
ont une joie indicible, et croient déjà nager dans
l'Or et l'Argent ; mais par malheur pour eux, ou
ce papier est en Chiffres, qui leurs sont inconnus,
et dont jaloux au dernier point ils n'en veulent

confier le déchiffrement à personne, de peur que
le déchiffreur n'en apprenne le secret, et n'en devienne plutôt riche qu'eux, ou bien si ce papier est
écrit en lettres intelligibles, le sens en sera obscur,
ou bien il s 'y trouvera quelque autre difficulté,
qui diminuant leur joie augmente le regret qu'ils
ont de leur procédé si injuste, qui leur bourreler
d'autant plus la conscience, qu'ils songent au crime qu'ils ont commis. Enfin ce qui est fâcheux
pour tous ces personnages, c'est qu'après avoir par
toute sortes de voies amassé une infinité de recet-
tes Chimiques qu'ils gardent avec autant de soin,
et qu'ils feuillettent, et manient tous les jours avec
autant de plaisir, qu'un Riche avare conterait et
tournerait ducats; ils se trouvent puis après dans
l'impuissance de les mettre en exécution, soit par
faute de commodité, soit par faute d'argent, qui est
le plus ordinaire défaut de telle sorte de gens; pour
à quoi remédier, ils ont recours à la bourse d'autrui
après avoir vidé la leur; et pour obliger ceux qu'ils
croient l'avoir garnie, à leur en faire part d'autant
plus librement pas moins que de les rendre plus
riches que les Rois, eux qui sont plus pauvres que
les derniers gueux de l'Hôpital; et pour mieux
se rendre maîtres encore de ces Esprits crédules,

après leur avoir vanté trois ou quatre de leurs procédés, dont l'un seulement serait capable de les mettre à leur aise, et qu'ils appellent infaillibles, après le récit toujours de quelque histoire, qui ne manque jamais en semblables rencontres. Ils protestent avec serments même, qu'après ceux-là ils feront bien paraître autre chose, chatouillant ainsi les oreilles de ces pauvres marchands Fourniers, et leur remplissant le cœur d'espérances si fortes, qu'ils s'imaginent être déjà des Crésus, ne prenant pas garde que ces espérances trompeuses les vont au contraire précipiter dans un Etat aussi déplorable, que celui de ces marchands de fumée, s'ils ne s'en désabusent de bonne heure, avec un regret immortel, qui leur restera d'un attachement, d'où, au lieu du bien et du contentement qu'ils s'en promettaient, il ne leur revient que de la misère, et de la confusion, et me sauront peut être bon gré de leur avoir fait voir clairement dans ce petit Traité le chemin qu'ils doivent tenir, pour s'empêcher d'être trompé. Voilà le principal but, Ami Lecteur que je me suis proposé en mettant ce livre au jour, que la Charité Chrétienne m'a inspiré, laquelle nous oblige d'avertir notre prochain de son malheur, et de l'en détourner autant qu'il nous en est possible. C'est ici où ils verront les moyens de se désabuser de toutes les fausses propositions qu'on leur fera, pour travailler sur un sujet duquel ils ne recevront que de la satisfaction, si le bon Dieu leur fait la grâce d'y réussir, les exhortant de tout mon cœur de ne rien commencer à la volée. Dieu veuille conduire en ce travail ceux qu'il en jugera dignes pour son honneur, et pour sa gloire. A Dieu.

APPROBATION.

Nous avons leu, & diligemment examiné le petit livre qui se dit, *Le tombeau de la Pauvreté*, & n'avons rien reconnu qui soit capable d'empescher qu'il ne soit imprimé; En foy de quoy nous avons signé le present Certificat, à Paris ce dernier Octobre 1672. Signé,

L E V I G N O N, D E C A E N,

P U Y L O N, Doyen de la

Faculté de Medecine.

PERMISSION.

Veu l'Approbation, permis d''imprimer. Fait ce huictiéme Novembre 1672.

Signé, D E L A R E Y N I E.

SONGE PHILOSOPHIQUE

*Qui découvre aux Enfants de la Science
le véritable secret de l'Art.*

Il y a deux jours qu'en sommeillant, je crû voir Vénus entre les bras de Mars, Vulcain malheureusement pour eux les surprit, lors même qu'ils étaient aux fort de leur caresses ; et pour se venger de cet affront, il leur perça à tous deux le sein d'un grand coup de poignard. Le sang aussitôt sortit de leurs veines, et s'alla rendre dans la mer qu'il teignit de sa couleur. Neptune étonné d'un si prompt changement, et pour en savoir la cause, partit à l'instant ; et comme il parcourait le rivage, il jeta sa vue à l'endroit où étaient restés Mars et Vénus, qu'il vît étendu mort sur l'arène encore toute ensanglantée. Ce triple spectacle le toucha sensiblement, mais se voyant dans l'impuissance

d'y pouvoir remédier, il lança brusquement de co-
lère son Trident dans la mer, en présence même
de Vulcain. Ce coup ainsi lancé avec tant de pré-
cipitation et de force, émut tellement les ondes
de la mer, qu'elle écuma de toutes parts; et afin
de marquer davantage son trouble, elle remplit
l'air de vapeurs malignes qui l'infectèrent par leur
puanteur, et qui formèrent ensuite un nuage épais
si déplaisant que Jupiter en fut indigné. Vulcain
s'en aperçut, et de peur que Jupiter ne l'accusât
d'avoir causé ce désordre, il se retira finement
auprès de Mercure, et le pria, s'il était possible
d'apaiser au plutôt cet orage. Mercure officieux
s'éleva aussitôt sans répugnance dans l'air, et pas-
sant à travers de ce nuage commença peu à peu à
le dissiper : la mer devint aussi calme, et de sangui-
nolente qu'elle était, elle paru sous un beau voile
blanc aussi claire que la plus belle et la plus pure
eau de roche. Alors Saturne qui ne faisait que d'arriver, s'adressa incontinent à Mercure, et lui dit
aimablement, qu'à la vérité il avait beaucoup fait
d'avoir ainsi purifié l'air, mais qu'il le suppliait de
vouloir en sa faveur, détourner de dessus la mer
ce beau voile blanc qui la cachait, afin que par
ce moyen tout le monde qui était là assemblé pût

la voir sans empêchement, et même s'y baigner si bon leur semblait. Mercure fit ce coup d'état avec toute l'adresse et le bon succès que Saturne en espérait. Cependant Cérès que la crainte de ne voir jamais plus de fruit sur la terre avait saisie, ne témoigna pas y prendre beaucoup de part. C'est pourquoi Mercure essaya de la consoler, et pour y parvenir, lui montra dans la mer une infinité de fleurs qu'un doux Zéphyr y avait semée, et l'assura que nonobstant cela, il en restait encore suffisamment sur les arbres pour qu'ils portassent des fruits en abondance. Cérès toute persuadée qu'elle était de la bonne amitié de Mercure, aussi bien que de sa sincérité, n'ajouta pas pourtant d'abord beaucoup de foi à ses paroles, et parce qu'elle savait qu'il se plaisait à faire des messages, elle le supplia qu'à son occasion, et pour mettre fin au chagrin qui la tourmentait, il alla donc cueillir lui-même des plus beaux et des meilleurs, pour être présentés dans un festin, qu'elle avait résolu de faire aux Dieux et aux Déesses. Mercure aussitôt pris sa verge Caducée et se mit en chemin; mais son voyage quoique long, n'eut pas tout le succès que Cérès en attendait si Apollon ne l'eût secondé dans son entreprise. A leur retour Cérès prit du fruit, et commençant par Diane elle en présenta à tous les Dieux et Déesses, elle en mit enfin dans la bouche de Mars et de Vénus, qui à l'instant ressuscitèrent. La surprise que j'en eu m'éveilla en sursaut, et de peur d'oublier un Songe si mystérieux, je me levai aussitôt pour le mettre par écrit, et en faire-part aux Curieux.

LA CLEF,
OU LE DÉCHIFFREMENT
des mots obscurs qui se trouvent dans ce Livre

Songra netigieluk eude sirkigli, lisez : *par la filtration après la résolution en vinaigre distillé.*

Ciogh almise cicekinde, ostez bunleri cicek,
lisez : *enflée en fleurs, ôtez ces fleurs.*

Cicekinde, lisez : *en fleurs.*

Bunleri cicek, lisez : *ces fleurs.*

Kirees chonus tos olursah ciek inge nige degh-
memelik, lisez : *la chaux ou poudre soit fort ténue, fort
déliée et comme impalpable.*

O aquel elaf psonitu psansi eser arenira beta
fleso spartiesu onez sisel battachenra fluined bad
clavitree, datul eselut sigonitisono, imalisa delme
pured spoludren peto acenidrep, lisez : *est que ladite poudre demeure discontinuée et qu'au feu d'ignition
les parties ne s'entretiennent l'une l'autre, mais demeurent poudre et cendre ; car par ce moyen on connaît etc.*

Tos olursah bir alrun parlamasisus, lisez: *que ladite poudre soit sans aucune lueur métallique.*

Bir altun parlamasi, lisez: *quelque couleur.*

Tos budeghise-mek arruk irengh, lisez: *que ladite poudre ne change plus de couleur, mais qu'elle soit et demeure en une même couleur, car etc.*

Deghise-melik irengh, *du changement de couleur.*

La dil olurasah fckugi, lisez: *par le vinaigre distillé.*

Dur netigielk dahi, temislemek, dur kurut mak, dur mubasceret et mek, lisez: *le résoudre derechef, filtrer et congeler, et réitérer.*

Dur netigielk inde szeirun jaghi par le B.M. songra Guieuseeklighilhe kurut max dur dahi netigielx au B.M. daimmalighile, lisez: *et à part soi le résolviez en huile par le B.M. puis au fourneau dessiccatoire, le desséchiez doucement, et derechef le dissolviez au B.M. réitérant jusque etc.*

Szibax, lisez: *mercure vulgaire.*

Karise-durmax avec szibak remissik, lisez: *amalgamer avec mercure vulgaire lavé et purgé, et faire passer par le linge épais.*

Szibax bellielmise, lisez: *Mercure vulgaire purgé et le mettez dessécher dans le fond d'un alambic avec sa chape*; *étant sec, broyez-le derechef sur le marbre, et vous verrez que votre mercure aura* etc.

Oniki ghiahige kaez kiregz, lisez: *douze fois autant que de chaux.*

Flas mositrie adur guisnabigrre solit duk iatmelik, lisez: *que la moitié de vinaigre distillé soit consommée.*

LE TOMBEAU DE LA PAUVRETÉ

PREMIÈRE PARTIE
DE LA TRANSMUTATION
DES MÉTAUX

CHAPITRE PREMIER

*Qu'en tout changement de corps en autre nature,
la matière et la cause efficiente sont nécessaires*

En traitant naturellement des changements naturels, il est très certain que de rien on ne peut faire quelque chose, mais il faut nécessairement qu'il y ait quelque matière ou sujet qui précède ; Dieu seul au commencement par sa toute puissance, fit de rien toute chose, comme il mettait tout en rien par sa même toute puissance, si sa volonté y était, mais après qu'il eut créé le monde, et ce qui y est, il a voulu que ce qui est, fût sujet à un perpétuel changement. Et ce qui est, comprend tous les corps naturels, et c'est ce que j'appelle la matière. Or nous voyons que tout corps a sa forme substantielle naturelle, et participe des quatre qualités premières, et qu'outre ce, il a sa consistance qui est aux qualités secondes. Cette forme est celle par laquelle le Corps a son nom et essence, et de cette forme se distinguent et discernent les Esprits des corps naturels les uns des autres par les qualités, tellement que l'un s'appelle de tempérament chaud, l'autre froid, l'autre humide, l'autre sec, l'autre tempéré des unes et des autres qualités premières, qui sont chaud, froid, sec et humide ; de même la consistance ne baille pas la forme, car il faut distinguer l'un de l'autre par les qualités seconde, qui sont plusieurs, comme dur ou mol, rare ou spongieux, pesant ou léger, aride ou visqueux, et plusieurs autres qualités secondes, qu'Aristote appelle affection corporelles. Or ces corps n'ont point leurs formes, leurs tempéraments et leur consistance d'eux même, il a fallu qu'il y ait eu quelque chose qui les leur ait baillée ; semblablement les mêmes corps naturel ne peuvent perdre leurs formes, leurs tempérament, et leurs consistance premières, sinon par quelque cause efficiente, car la cause efficiente est celle qui meut la matière pour lui ôter sa première forme, tempérament, et consistance, et lui en faire acquérir d'autres toutes nouvelles. C'est pourquoi je dis qu'en tout changement il faut une matière, et un corps préjacent, et une cause efficiente qui fasse ce changement ; et non seulement ès corps naturels, mais aussi aux artificiels, auxquels la figure étant changée, il y faut une matière et une cause efficiente ; car un Serrurier ne saurait faire une serrure sans fer, ni le fer ne pourrait de soi même devenir serrure, et changer sa première figure sans le Serrurier : parce que le fer est la matière propre, de laquelle la serrure est faite, et l'esprit et l'entendement du Serrurier, est la cause efficiente qui meut le fer, et lui baille la figure de serrure. Il en est ainsi en toute autre chose artificielle.

CHAPITRE II

Quelle est la matière qui doit être transformée
en Sol, à l'aide de l'art

L a matière donc est celle de laquelle se fait quelque corps naturel sujet à être dépouillé de sa première forme, et en acquérir une autre. Cette matière est éloignée, ou prochaine. L'éloignée, est celle qui doit changer de plusieurs formes avant que de venir à ce que l'on désire. Celle qui est prochaine, est celle qui avec petit changement prend incontinent sa forme. La matière dont l'or se fait artificiellement, n'est pas celle dont l'or est fait en la minière de la terre, car il est impossible ; mais la matière prochaine en cet art est le Mercure vulgaire, et celui qui est aux métaux, Lune, Jupiter, Saturne, Vénus et Mars. Car l'or (quand à la matière) n'est autre chose que

Mercure pur, et cuit jusqu'au dernier degré de coction métallique, et le Mercure vulgaire n'est autre qu'un Or pur cru, et indigeste ; et les métaux aussi, quand à leur matière, ne sont que Mercure impur, un peu plus digéré que le Mercure vulgaire, mais non pas tant que l'or. C'est pourquoi afin que le Mercure vulgaire devienne Or, il ne lui reste que d'être cuit. Et afin que les métaux imparfaits soient convertis en or, il est nécessaire qu'ils soient dépouillés de leurs impuretés, et substance étrangère de la nature de Mercure, et que leur Mercure qui restera soit achevé de décuire.

CHAPITRE III

De la Cause efficiente en cet art

La Cause efficiente en cet art, est celle qui a la vertu et puissance de digérer et teindre le Mercure vulgaire en Sol, et qui a aussi la vertu et puissance, de nettoyer et purger les autres métaux de leurs impuretés, en sorte qu'il n'y reste que la substance pure de leur Mercure, et mêmes de les teindre et digérer. C'est pourquoi Geber en son livre de summa perfectionis, dit à ce propos, que toute chose que ce soit, qui peut nettoyer le métal intérieurement, le rendre à égalité, et le citriner intérieurement de toute espèce de métal, il fait de l'Or ; et pour moi quand à ce qui regarde la Lune, d'autant qu'elle est fort pure, et fort digeste, et approchant de la nature de l'Or, j'ai souvent par cimentation de sels, et autres choses qui purgent et digèrent, tiré et extrait du Sol de la Lune. Quand aux autres métaux, je crois que difficilement cela se puisse faire ; mais encore aux cimentations de la Lune, les frais et dépenses surmontent le profit à cause du déchet, et du travail qu'il y faut. Il y en a qui ont dit qu'il fallait tirer les Mercures des métaux, et les cuire avec chaux de Sol, et en ce faisant ont dit que ce qui causait cette extraction était en partie la cause efficiente, et la chaux de Sol en partie aussi la dite cause efficiente avec l'aide du feu, sur quoi je crois que si les Mercures des métaux peuvent être extraits, qu'il serait bien plutôt cuits par la chaux de Sol, que le Mercure vulgaire à cause de sa grande frigidité, humidité, et indigestion ; et que cette voie particulière est véritable, mais l'artifice d'extraire lesdits Mercures est très difficile et laborieux. Entre plusieurs de ceux qui se vante d'en savoir l'extraction, je n'en vois pas un qui en vienne à bout : or il y a une autre cause efficiente, que les plus ingénieux ont recherché, à l'exemple des sels qui purgent et digèrent, qu'il ont appelé leur Pierre, leur Poudre aurifique leur Soufre, et plusieurs autres noms, car en un moment par projection sur le Mercure vulgaire elle le digère et teint en vrai Sol ; et quand aux autres métaux imparfaits, elle les purges, digère et teint en un moment. Cette Pierre ou Poudre aurifique, est par moi appelée Sel d'Or ; car comme le Sel se fond, et résout dans toutes les liqueurs où il est mis, cet Pierre ou Poudre fait aussi le semblable ; et comme le Sel purge, digère, et dessèche par sa grande vertu dessiccative l'humide superflu de toutes choses : de même notre Sel purge dessèche, et dissipe l'impureté des métaux, avec l'aide du feu ; de manière qu'il ne reste que le pur Mercure d'iceux, lequel par même moyen il digère et réduit à sa qualité : comme aussi consommant l'humide superflu du Mercure vulgaire il l'arrête et le fixe ; et comme tout corps qui se liquéfie en eau, la teint de sa couleur, comme le Safran : de même notre sel teint le Mercure vulgaire et celui des métaux de sa couleur. Et comme toute chose qui est cuite, est ferme et solide ; de même tout Mercure tant vulgaire que des métaux décuit dans notre Sel philosophique est ferme et solide. Et il semble que le vrai nom d'Alchimie démontre que cette science consiste en la faction d'un Sel fusible, car αλς en grec, signifie Sel, et *chymia*, fusion ; comme si tout ne consistait que de faire du Sel fusible. Le Sel aurifique donc pour conclusion, est celui qui informe la matière, qui est le Mercure vulgaire ou celui des corps imparfaits en vrai Sol.

CHAPITRE IV

De quelle matière doit être tiré notre Sel aurifique

La nature n'a pas fait ce Sel aurifique, c'est pourquoi il est nécessaire que l'art aide la nature, pour l'extraire des choses, auxquelles il est naturellement. Plusieurs qui ont écrit en cette science, en disent diverses choses, et sont en contention sur ce sujet, mais je ne m'amuserai pas à déduire ici leurs opinions. Quant à moi selon la plus commune opinion, et qui est la plus vraisemblable, je tiens qu'il doit être extrait de l'Or; car s'il faut faire comparaison des choses animées, aux inanimées, l'homme engendre un homme, et un cheval un cheval, et universellement tous corps engendre leur semblable, et toute semence engendre le semblable à celui duquel elle est procédée. D'avantage, comme l'Or n'est qu'un Mercure plus cuit et digéré que le vulgaire et celui des autres métaux. De même notre Sel ou Lapis n'est autre chose sinon qu'il est plus cuit que l'Or. L'art commence où la nature fini ; c'est-à-dire que le but de la nature est l'Or, car il est l'extrémité des métaux et en lui commence l'art pour engendrer les teintures qui sont en notre sel. De plus en la procréation de toutes choses (comme j'ai dit ci-devant) l'un agit, et sert de cause efficiente, l'autre pâtît et endure, est comme la matière. Et en la génération des métaux qui consistent d'humide et du sec, propre à la nature métallique, le Mercure est l'humide, qui souffre et endure d'être congelé, et est froid et humide ; et le sec terrestre, est celui qui agit et congèle l'humide. Tous les Philosophes de cet art l'appellent Soufre, lequel Soufre n'est qu'une substance terrestre échauffée qui est comme feu. Or le Mercure de tous les métaux, et le vulgaire sont tout semblable, et ne sont différents qu'en qualités, et accidents ; c'est-à-dire que les uns sont plus ou moins cuits que les autres, et sont la matière commune de tous les métaux, comme j'ai dit ci-dessus. Mais leurs terrestréités ou Soufre qui les ont congelés, sont différents en espèce les uns des autres. Ceci se connaît par expérience en la

résolution d'iceux ; car j'ai calciné du plomb, et
en ai tiré le sel auquel le terrestre était demeuré, et
l'ayant pressé au feu, ce Sel est retourné en Saturne
comme il était auparavant. Mais si de ce Sel le terrestre eut été ôté et extrait, et que le Mercure seulement eut apparu, alors (comme j'ai reconnu) ce
Mercure eut été comme tous les autres Mercures.
Je ne veux pas nier pourtant, que pour faire ou
extraire le Sel du Sol, les Mercures vulgaire ou des
autres métaux n'y puissent servir, mais celui dont
la plus grande force et vertu procède, comme la
cause efficiente, est le sol, qui est comme le mâle ;
et le Mercure comme la femelle.

CHAPITRE V

Quelles propriétés et qualités, doit avoir notre
Sel aurifique

N otre Sel aurifique est de deux sortes, à
cause de deux effets qu'il produit, l'un
desquels est moindre, et l'autre plus
grand.

Celui qui est moindre, a seulement la force
et vertu de digérer le Mercure, ou celui des corps
imparfaits (après qu'il est extrait) et la Lune, comme aussi de teindre lesdits Mercures en vrai Sol ;
mais il n'a pas la force et vertu de séparer l'impur
des quatre métaux imparfaits, et ce qui n'est pas
du naturel de leur Mercure. Or ce Sel est appelé
par Geber la médecine du second ordre, mais le
second Sel et plus excellent est appelé par ledit
Geber la médecine du tiers ordre, d'autant que ce

Sel par sa seule projection sépare des corps imparfaits tout ce qui n'est pas de leur nature, et ce qui reste après ladite séparation, ce Sel le digère et teint par même moyen, ce que ne fait pas le premier Sel, qui seulement digère et teint sans aucune séparation. Pour transformer donc la Lune par projection ou le Mercure tant vulgaire qu'extrait des métaux, il n'est pas nécessaire d'avoir le second et excellent Sel, mais seulement le premier ; car au Mercure vulgaire ou extrait des corps imparfaits, il n'y a rien d'étranger, car tout est Mercure, comme aussi la Lune est quasi toute Mercure, et s'il y a en elle quelques impuretés, elle est facilement ôtée par son simple amalgame qui passera par le gros linge, et qui sera exactement lavé, et après cela ladite Lune n'a plus affaire que d'être digérée et teinte, ce que fera le premier Sel susdit, fusible par sa projection. Et quoique ces deux sortes de Sel fassent des effets plus ou moins grand, toutefois la matière, de laquelle l'un et l'autre sont extraits, est toujours une même matière, c'est-à-dire Sol, comme il a été dit. Et la seule différence est en la plus grande ou moindre préparation, comme sera dit ci-après, mais quoiqu'il en soit, les propriétés de l'un et de l'autre, sont telles que s'ensuivent.

Premièrement la teinture que baillera ce Sel, doit être de nature d'or, et cela procède de la propriété qui est au Sol, et cette propriété procède de la forme et essence de l'or, non de sa matière considérée au respect de son Esprit, ni de son tempérament ou qualités premières, ou des secondes, de sorte qu'il se pourrait tirer un Sel de Vénus, ou de Mars, qui serait plus rouge que le Sel de Sol, et qui baillerait teinture rouge citrine, mais telle couleur est sophistique, qui ne demeure jamais aux épreuves, partant il n'y a point d'autre teinture que celle qui se tire de Sol, et tous les Philosophes le disent ainsi, et la vérité est telle, et nul artifice ne peut faire cette teinture.

Les autres qualités de notre Sel s'acquièrent par artifice qui sont, savoir que ce Sel en second lieu doit être fusible, de fusion aussi soudaine que cire, parce que de la fusion, la mixtion se fait, autrement elle ne se ferait pas. Or cette fusion s'acquiert en l'or quand il est fait Sel, parce que tout Sel baille fusion.

La 3. Qualité est que cette fusion soit aussi déliée et subtile comme l'eau, afin qu'elle pénètre; et cette ténuité et subtilité s'augmente par les réitérations, comme sera dit ci-après.

La 4. Et une des principales est que ce Sel, soit de qualité chaude et sèche, et de vertu ignée, afin de faire consommer l'humidité des Mercures, et consolider et arrêter leur crudité, comme aussi celle de la Lune. Cette qualité n'est pas au Sol, et partant par sa mixtion il ne les change, ni altère, ni les transmue comme fait son Sel, joint que l'une des règles de sa mixtion, est que ce qui agit comme ce Sel, soit de qualité contraire à ce qui endure ou pâtit, comme les métaux; parce que par cette contrariété, il se fait un tempérament, dont résulte une nouvelle espèce et forme substantielle, car cette pureté du Sel s'augmente par la décoction continuelle, car toute chose décuite est plus chaude que la terre.

La 5. Qualité, est la pureté et transparence de notre Sel, afin qu'il pénètre mieux, et cela s'acquiert *par la filtration après la résolution en vinaigre distillé*, comme sera dit ci-après.

La 6. Est la fixation de notre Sel qui ne doit aucunement s'évaporer, mais doit demeurer ferme, et stable, et fixe dans le feu sans s'évaporer.

Geber ajoute la 7. Qualité à savoir qu'il aie affinité et similitude d'espèce entre ledit Sel et le Mercure, mais ayant déjà dit que ce Sel est extrait de l'Or, l'effet y est, car et le Sol et le Mercure, ne sont qu'une même chose. Les Mercures vulgaires ou des corps imparfaits sont le commencement, le Sol en est le milieu, et notre Sel ou lapis est l'extrémité, c'est-à-dire que notre Sel n'est que Mercure plus cuit, que celui du Sol et celui du Sol plus cuit que celui des métaux imparfaits plus cuit que celui qui est vulgaire.

CHAPITRE VI

Des diverses façons de faire notre Sel,
ou Lapis des Philosophes

P arce que j'ai dit qu'il y a deux sortes de Sels, je parlerai de la première, puis de la seconde.

Quant à la première, quelques-uns uns, comme Geber, prennent l'Or et le calcinent, et après en tirent le Sel, sur lequel ils subliment et fixent du Mercure sublimé, jusqu'à ce qu'il s'en fasse une fusion fort déliée et fixe, et en font projection sur le Mercure vulgaire, et extrait des quatre métaux imparfaits, ou bien en font la projection sur la Lune préalablement purgée. Les autres comme Raymond Lulle, calcinent le Sol par eau minérale, végétale et animale, ou mixte, et après la calcination distillent les derniers esprits des mêmes eaux dont ils ont fait la calcination. Ils appellent cette seconde, Esprit des Mercures, qu'ils distillent jusqu'à ce qu'ils demeurent avec ledit Sol ainsi calciné, et disent que ladite chaux est résoute par ces seconds esprits, t enfin distillent le tout au feu dessiccatoire qu'il appellent Athanor, et puis le résolvent au bain Marie, jusqu'à ce que le tout demeure en huile épaisse et fine, et après prennent une once de Mercure vulgaire ou extrait des métaux, et le cuisent en un matras de verre par huit jours, puis fondent la poudre rouge qui s'y trouve, et est toute convertie en Sol, ou bien ils subliment sept portions de Mercure bien sublimé sur une once de cet huile, jusqu'à ce que le tout soit fixe, puis font projection sur cent poids de Lune, et sur autant de Mercure vulgaire, ou extrait des quatre métaux imparfaits.

Les autres prennent de la chaux de Sol, sur laquelle ils mettent une once de Mercure extrait, et le cuisent et fixent jusqu'à ce que tout soit en poudre rouge, dont ils font une minière, car ils amalgament une once de Mercure vulgaire ou de celui des métaux avec ladite poudre ou ferment, et cuisent le tout pendant dix ou douze jour, jusqu'à ce que tout devienne en poudre rouge, et multiplient cette matière jusqu'à l'infini, en mettant toujours de nouveau Mercure en poids égal du ferment, et quand ils veulent en profiter, ils fondent une partie de ladite minière en Sol, et gardent le reste pour la minière et le ferment.

Quant au second Sel, qui est le grand Lapis, et la médecine du tiers ordre, il se fait aussi diversement. Quelques Philosophes l'ont fait ainsi. Ils ont pris de l'or, et l'ont calciné, car ceux qui ne l'ont point calciné se sont abusés, et n'ont rien fait, parce que le but de ce Lapis, comme j'ai déjà dit, est d'être de la nature de Sel, or plus l'Or approche de la nature de Sel, plus il est proche et disposé à être Sel. Or le Sol calciné, comme je dirai ci-après, est plus proche de la nature de Sel, que celui qui n'est point calciné, partant il est nécessaire qu'il soit premièrement calciné. Encore ceux qui veulent mieux faire, le rendent en nature de Sel après calcination. Ils ont donc pris le Sol réduit en chaux, ou en nature de Sel, et en ont amalgamé une once, avec quatre onces de Mercure extrait de Jupiter, du Saturne, ou du régule de *stibium*. Le Mercure vulgaire n'y est pas propre, car il est trop froid et volatil, et ne se fixerait jamais après ladite dissolution. Les Mercures extraits de Sol, Lune,

Mars, ou Vénus sont trop chauds, et ne dissolvent pas ladite chaux ou Sel de Sol. Or la conjonction étant faite de ladite chaux ou Sel avec le Mercure de Jupiter, Saturne ou régule par ledit amalgame, ils mettent tout dans un œuf Philosophique, et le cuisent par trois degrés du feu, qui servent pour les trois couleurs, noir, blanc, et rouge, jusqu'à ce que tout devienne en poudre impalpable.

Les autres comme Raymond Lulle, calcinent l'or par leurs eaux minérales, végétales et animales mixtes, et puis distillent toute l'humidité qu'ils tournent en eau et huile, et subliment ce qui demeure au fond, qu'ils appellent soufre, puis résolvent ce soufre avec les eaux distillées, et les circulent jusqu'à ce que tout soit fixe au fond comme une Pierre, qu'ils résolvent au bain Marie, et la dessèchent au feu d'Athanor, réitérant sa dissolution et dessiccation, jusqu'à ce que tout soit devenu en huile épaisse, par laquelle et avec laquelle ils transforment tous les corps imparfaits, et le Mercure vulgaire par projection ; et pour l'augmentation prennent seulement du Mercure sublimé, et en font projection, comme il est dit ci-dessus.

Les autres réduisent le Sol en Sel, et le résolvent, filtrent, et congèlent par plusieurs fois, puis par grand artifice subliment cette terre par mixtion du Mercure sublimé, et réitèrent la sublimation jusqu'à ce que le Sel ou terre soit sublimée, puis par les réitérées sublimations fixent le sublimé, et pour l'augmentation en force, vertu, et qualité, ils commencent à résoudre ce lapis, le faire volatil, et le fixer, et réitèrent ces opérations plusieurs fois, puis font projection sur tous les corps imparfaits, sans autre préparation, et sur le Mercure vulgaire.

CHAPITRE VII

Mon avis sur tout ce que dessus, et ce qui est
plus expédiant pour le commencement

J e ne doute point que toutes ces opérations ne puissent être vraies, mais elles sont fort longues, laborieuses et difficiles à pratiquer, et de grand frais avant qu'on en puisse venir à bout. Celui qui veut travailler en cet art, doit rechercher chose véritable qui soit courte et de peu de travail, facile à exécuter et de peu de frais. Et quoique l'effet réussisse à peu de profit, toutefois il sera plus certain que de se mettre à plus grand hasard de tant de voies périlleuses, auxquelles peut-être on ne trouvera rien. On se doit donc contenter pour le commencement, d'apprendre à réduire le Sol en nature de Sel fusible. Car sans doute il transformera la Lune en Sol par projection, et le

Mercure par décoction, soit vulgaire ou celui des métaux imparfaits, car le Sel commun fait fusible par fréquentes calcinations et dissolutions, a bien cette vertu et puissance d'arrêter et congeler le mercure vulgaire en métal par décoction, ce qui se fait à cause de la grande siccité et ténuité qui consomme, en pénétrant l'humidité indéfinie dudit Mercure, ce que j'ai vu et connu par expérience. Que si cela se fait par le Sel commun, il y a bien plus grande raison qu'il se fera par le Sel de Sol, à cause de la similitude d'essence qu'il a avec le Mercure, d'autant qu'ils sont issus d'une même racine, et que le Sol n'est que Mercure décuit et le Mercure vulgaire est Sol cru, toutefois le Sel du Sol ne s'extrait pas si facilement qu'on pense, à cause de la grande difficulté et industrie qu'il y a à le calciner, car il est impossible de le réduire en Sel, sans le bien et dûment calciner ; c'est pourquoi je parlerai ici de sa calcination, et des causes et moyens d'icelle.

CHAPITRE VIII

De la calcination en général

La calcination, selon la définition de Geber, est une réduction par le feu d'un corps ferme et solide en poudre ténue par la privation de son humidité, qui tenait les parties fermes et solides. Donc l'humidité d'un corps est le sujet ou la matière sur laquelle le feu agit, et le feu est la cause efficiente de la privation de cette humidité, car par ses qualités chaude et sèche, il consomme cette humidité. Et d'autant que le naturel de toute humidité, est de lier, assembler, conglutiner, et sceller les parties qui étaient arides et discontinues, il s'ensuit donc, que cette humidité étant ôtée, le corps viendra en cendre, et poudre.

Or il est dit, que cette calcination est faite par le feu, à la différence de la seule trituration ou broiement, par lequel les parties du corps sujettes à briser, et à être triturées, peuvent bien être mises par cette trituration en très petites parties, mais l'humidité pour cela n'en est pas ôtée ou altérée. Il est bien vrai, que telle trituration, comme je dirai ci-après sert de beaucoup, et est nécessaire pour parvenir à ladite calcination, car le feu atteint bien mieux les petites parties, que les solides. De plus, la privation de l'humide s'entend en deux sortes. L'une quand tout l'humide, qui faisait partie de la substance du corps, en est séparée, comme alors qu'il est brisé, et réduit en cendres : et en cette sorte de calcination, tous accidents fusibles et visibles périssent, car en la cendre, il ne se reconnaît, ni remarque aucun accident ou qualité du bois.

L'autre et seconde sorte de privation d'humidité s'entend, quand l'humide radical ne périt point, mais au contraire est animé, et seulement la qualité humide est altérée par la siccité du feu, et l'humidité convertie en siccité, et en cette sorte de calcination, tous les accidents sensuels ne périssent pas. Car les métaux calcinés, retournent par forte impression de feu, en leurs corps, comme auparavant, et d'avantage j'ai connu par expérience, que des cendres de Jupiter tournées en Sel, il

en a été extrait du Mercure par le Mercure vulgaire, comme il sera dit ci-après. Et la fluxibilité des
métaux qui sont fondus, ou du Mercure extrait,
est une qualité et accident sensuel, qui ne se perd
point par ladite calcination, toutefois en la parfaite et accomplie calcination, la chaux et cendre ne
doit plus retourner en Mercure comme cela sera
dit ci-après.

CHAPITRE IX

*Que le seul feu ne pourrait calciner l'Or,
s'il n'était aidé par le Mercure Vulgaire*

L'Or a une humidité si glutineuse, et visqueuse, si fort unie avec sa siccité terrestre pure, qu'il serait impossible par le seul feu de la pouvoir altérer, car de résoudre, et séparer ladite humidité d'avec sa siccité, pour la vitrifier, il est impossible, ni par le seul feu, ni par les autres drogues, à cause de ladite union et force de sa mixtion, ce que peut bien advenir aux autres métaux pressés de feu continuel, qui les vitrifie, parce que leurs humidités ne sont pas si visqueuses, ni fort mêlées et unies à leurs siccités. C'est pourquoi j'ai dit, que le Sol peut être altéré par le seul feu, et ai parlé seulement d'altération parce que par icelle seulement ladite calcination (pour faire notre Sel d'Or) doit être faite, et non par séparation dudit humide radical, autrement il serait impossible. Or d'autant que Sol demeurant en son corps, ne pourrait être calciné par le seul feu, il a été nécessaire d'inventer un moyen pour le rendre en menues parties, avant de l'exposer au feu pour le calciner, car le feu agit bien mieux sur un corps qui est divisé en parties très subtiles, que sur celui qui est ferme et solide ; et cette division en menues parties, n'est pas la calcination, mais une préparation, et disposition pour plus facilement venir à ladite calcination, et sans laquelle préparation ladite calcination serait impossible, pour cet effet les uns ont dissout le Sol par eau régale, les autres par eau de Sel Armoniac, et la séparation étant faite de ladite eau de Sel Armoniac, ils ont calciné par le feu la poudre de Sol qui restait. Mais pour moi, j'ai cru qu'il n'y a rien qui le puisse mieux diviser en très petites parties que le Mercure, car il n'y corrompt rien, et sans lui cette division et réduction en menues parties ne peut être faite commodément, ce que j'ai connu par expérience, et la raison y est apparente, et est confirmée par l'Auteur des plus fameux Philosophes qui ont écrit en cet art. C'est donc par le Mercure que nous entendons atténuer les parties de l'Or premièrement, pour puis après le calciner par le seul feu.

CHAPITRE X

*Pour atténuer et subtiliser le Sol par le moyen
du Mercure, et le rendre en état d'être sublimé
comme il faut*

P renez Sol raffiné dont vous ferez amalgame, avec Mercure vulgaire, puis y ajoutez
du nouveau Mercure douze fois autant, triturez ledit amalgame dans un mortier par un long
espace de temps, y ajoutant de bon vinaigre distillé pour le bien laver, puis le passer par un linge
fort serré, et continuez d'y remettre de nouveau
Mercure, tant que tout le Sol soit passé comme
en Mercure pour mieux atténuer et subtiliser les
parties du Sol.

Alors prenez tous vos Mercures, que mettrez
dans un alambic avec sa chape, sur cendres chaudes pendant vingt quatre heures à feux doux, afin

que le Sol se purifie avec le Mercure, puis versez-le tout en une peau de chamois, et exprimez le Mercure, et il demeurera un globe dedans le cuir, qui contiendra tout votre corps, et trois fois autant de Mercure ; mais si au sortir de l'expression par le linge, vous venez à exprimer, le tout par le cuir, sans le recuire, comme dessus, il y aurait danger qu'il passât du corps de Sol avec le Mercure.

Prenez ce globe qui sera demeuré au cuir par expression, et le mettez dans un fond d'alambic avec sa chape, sur le fourneau de cendres, à feu doux par deux ou trois heures, jusqu'à ce que le globe soit sec, ôtez-le du fourneau, et s'il est monté quelque partie du Mercure, faites-le descendre avec une plume après qu'il sera sec ; ce que vous trouverez en masse, vous le mettrez en poudre très subtile, remettez cette poudre à cuire doucement comme dessus, c'est-à-dire avec son Mercure extrait, puis l'ôtez, et triturez ; réitérez ces opérations tant de fois que la poudre soit très subtile, et qu'elle ne se tourne plus en masse ; mettez cette poudre dedans le même fond d'alambic avec sa chape, et distillez à fort feu tout le Mercure, puis ôtez ce qui sera au fond, et si vous le trouvez en masse qui tienne, résolvez-le avec le Mercure qui en est sorti, et triturez, et distillez, réitérant ces opérations jusqu'à ce que votre matière ne tienne plus en masse, mais soit en poudre subtile. Voilà le commencement de la subtilisation, et division du Sol en menues parties, sans laquelle on ne parviendrait jamais à la calcination du Sol.

Alors prenez cette poudre, et la triturez sur le marbre bien subtilement, et non dedans le mortier, puis faites-la passer par une étamine, la plus pressée qu'il sera possible, et ce qui ne passera pas, vous le triturerez derechef, et continuerez jusqu'à ce qu'elle passe toute, et lors vous aurez une poudre très subtile, préparée à être calcinée par le feu.

CHAPITRE XI

De la Calcination du Sol, et des signes par lesquels
on connaît, s'il est parfaitement calciné

A près que le Sol a été ainsi divisé par le
Mercure, et que ledit mercure en est
extrait par la force du feu, il faut faire
calciner la poudre qui reste, par le seul feu, afin
d'altérer son humidité et la tourner en siccité, car
les qualités contraires agissent à l'encontre l'une
de l'autre. Vous mettrez donc votre poudre ainsi
préparée, dans une boîte de terre, ou de verre,
au feu de calcination propre, par deux jours; au
bout desquels vous ôterez la boîte, et l'ouvrirez,
et si vous trouvez qu'elle soit *enflée en fleurs*, ôtez
ces fleurs, avec une plume, et les conservez, réitérez
cette calcination, jusqu'à ce que tout soit *en fleurs*,
puis *recalcinez ces fleurs*, jusqu'à ce qu'ayez vu les

signes suivants, par lesquels on connaît la perfection de la calcination, sans laquelle on ne pourrait parvenir à faire notre Sel Philosophique ; car comme on ne pourrait calciner le Sol par le feu, s'il n'était réduit en menue parties, et disposé à recevoir la force, et effet de la chaleur du feu. Ainsi la calcination n'est entièrement achevée, et rendue disposée à la résolution, cette résolution ne se fera pas. C'est pourquoi Geber dit très bien, que toutes choses bien et dûment calcinées, approchent la nature des Sels, et leur nature est de se résoudre en eau ; toutefois la seule subtilité, et ténuité des parties, n'est pas la cause de la résolution en eau, mais il y a des signes, qui montrent, et font connaître la perfection de la calcination. Ces signes ici sont visibles, et doivent bien être remarqués, car ce n'est pas peu de chose, ni de petite importance, que de savoir bien calciner le Sol, vu que c'est la clef, et le plus grand secret de tout l'art.

Le premier signe visible donc de ladite calcination parfaite, *est que la chaux ou poudre soit fort ténue, fort déliée et comme impalpable*, car comme j'ai dit, les parties très subtiles se liquéfient plus aisément dans les liqueurs qui les dissolvent, que celle qui sont grosses.

Le second est, *est que ladite poudre demeure dis-continuée et qu'au feu d'ignition les parties ne s'entre-tiennent l'une l'autre, mais demeurent poudre et cendre*; car par ce moyen on connaît que l'humidité a été altérée, et a été vaincue par la chaleur et siccité du feu autrement ce serait signe que ladite humidité ne serait entièrement altérée ni vaincue par le feu, et partant il la faudrait laisser plus longtemps au feu.

Le 3. est, que *ladite poudre soit sans aucune lueur métallique*, quand on la regardera au Soleil luisant, et si elle a encore *quelque couleur*, c'est signe, que son humidité n'est pas entièrement altérée.

Le 4. est, que *ladite poudre ne change plus de couleur, mais qu'elle soit et demeure en une même couleur*, car l'humidité indéfinie n'étant entièrement altérée, est cause *du changement de couleur*, mais depuis qu'elle est entièrement finie, elle ne change jamais.

Le 5. est, que ladite poudre ne se diminue plus par le feu, quelque longueur de temps qu'on l'y laisse, car c'est aussi un signe, que ladite humidité est tout à fait altérée et vaincue.

Le 6. est, que ladite poudre ne puisse plus tourner en corps métallique, car c'est aussi un signe, que toute l'humidité, qui était cause de sa fusion, a été entièrement tournée en siccité.

Le 7. et le plus assuré, très certain, et nécessaire signe, est que la poudre mise sur la *par le vinaigre distillé*, car lors l'on se peut assurer, que facilement elle se convertira en Sel, car sans ce signe dernier, on ne pourrait assurer que toute l'humidité de la poudre fut vraiment, et entièrement altérée et vaincue, car encore bien qu'elle se pu résoudre en liqueur, *par le vinaigre distillé*, elle ne laisserait pas d'avoir l'humidité mercurielle, parce que j'ai connu par expérience, que l'on le résout en Mercure coulant, par le moyen du Mercure vulgaire. En un mot il faut que Sol soit si bien calciné, qu'il soit tout tourné en nature de Sel, et s'il n'a les sept signes ci-dessus, vous serez contraint de continuer la calcination, jusqu'à ce qu'on les ait vu. Le Lapis des Philosophes, que l'on fait par la mode des Anciens, n'est aussi qu'un Sel, et est une poudre rouge, comme celle-ci. Mais il faut plus de temps à la faire, à cause des préparations de leur Mercure double, et de la cuite, qui requiert au moins un an, avant qu'elle soit en sa perfection.

CHAPITRE XII

De la dissolution du Sol Calciné

L e Sol ayant donc été calciné, comme dit est, il n'aura plus de fusion, à cause de sa grande siccité, qui a altéré l'humide radicale, toutefois cette humidité naturelle n'est point perdue pour cela. Voici comme on la fera paraître, car l'une des propriétés de notre Sel, comme il est dit au chapitre 5 est, qu'il soit fusible, pour pénétrer sans addition.

Prenez donc cette terre calcinée, et la mettez dans un matras à long col; et versez dessus deux fois autant de notre menstrue, bouchez le trou du matras de bonne cire gommée, et le mettez au bain Marie vingt quatre heures, puis versez par inclinaison ce qui sera dissout et continuez cette opération, tant que le menstrue se colore, puis recalcinez les fèces, et dissolvez dans de nouveau menstrue, continuez cette opération, jusqu'à ce que tout soit dissout en menstrue, et s'il reste quelque chose, ce sera une terre morte, et inutile.

Puis prenez tous vos menstrues, et les mettez dans un alambic avec sa chape, et distillez à feux doux, et au fond il vous restera un Sel très précieux, mettez en un peu sur une lame de Lune, et la rougissez au feu, s'il fond aussi promptement que de la cire, sans fumer, ni faire bruit, et qu'il s'étende partout bien loin, et qu'il entre dans la lame, et la teigne en couleur de Sol, et se fixe, et unisse avec elle, et ne se divise et sépare jamais, c'est assez, car c'est le vrai signe de sa perfection, mais cela n'arrive pas si tôt, et pour y parvenir, vous le pouvez faire en deux sortes, l'une est de recalciner ce Sel à fort doux feu, dans une boite de verre, et non de terre, *le résoudre derechef, filtrer et congeler, et réitérer*, jusqu'à ce que vous voyez le signe ci-dessus.

Le second est, que vous preniez ledit Sel, *et à part soi le résolviez en huile par le B.M. puis au fourneau dessiccatoire, le desséchiez doucement, et derechef le dissolviez au B.M. réitérant*, jusqu'à ce qu'il ne se coagule plus au feu, mais qu'il demeure comme huile épaisse ; lors vous aurez un vrai or potable, fait sans mixtion d'aucune chose étrangère, qui se liquéfiera en toutes liqueurs, et servira grandement pour la santé, et pour la transmutation de la Lune en Sol, en faisant projection dessus dudit Sel.

Et d'autant que la projection ne se peut connaître que sur beaucoup de Lune, si à la première fois vous ne la trouvez assez colorée, vous la refondez, et jetez dessus du même Sel et ainsi réitérez, jusqu'à ce qu'ayez connu, sur quel poids de Lune votre Sel tombera en projection.

Et pour le regard du Mercure vulgaire et principalement sur celui des métaux, vous en mettrez 100 parties en un matras plat à long col, et verserez dessus une partie dudit Sel, ou huile, que cuirez à feu tempéré par huit jours, en donnant sur la fin, feu d'ignition, et aurez une poudre rouge, que fondrez avec borax, et aurez bon Sol ; et si vous voulez faire projection sur le Mercure, vous prendrez sept onces de Mercure sublimé sept fois, et le sublimerez sur votre huile, tant de fois qu'il demeure fixe avec ladite huile, de laquelle vous ferez projection sur les Mercures des métaux, où sur le vulgaire, comme aussi sur la Lune.

CHAPITRE XIII

De la multiplication en quantité

Toutes choses reçoivent augmentation par leur semblable, comme fait aussi notre Sel ou Lapis; mais la façon de la multiplication est différente entre celles des animaux, ou végétaux, et celle des corps inanimés; car la dernière se fait par addition de la même matière, de laquelle la première fut faite, par forme de fermentation ou levain. En ceci la comparaison du vinaigre est fort propre à notre Sel ou Lapis. Le vinaigre est fait de vin, et si on n'y a point mis de vinaigre du commencement, il ne s'aigrira point aussitôt qu'il ferait, si on faisait comme s'ensuit. Jetez du Sel de vinaigre sur du vin réchauffé, il aigrira le vin en peu, et si vous le distillez, le calcinez, filtrez, et exhalez derechef, il s'en fera un

Sel qui vous servira de ferment, pour aigrir grande quantité d'autre vin ; réitérez ces opérations, jusqu'à ce qu'ayez grande quantité de poudre, que pourrez multiplier à l'infini, sans qu'il soit besoin aux dernières fois de le distiller, en y mettant toujours du vin dessus, et jamais le vinaigre ne vous manquera. De même aussi, quand vous aurez votre Sel ou Lapis, vous l'augmenterez jusqu'à l'infini, par le même or, duquel il fut premièrement ; car ce Sel en est le levain ; il est bien vrai, que ce ne sera pas le Sel en son naturel, mais rendu en Mercure coulant comme ledit Sol eut été, si sans parachever la calcination, il en eut été extrait ; et comme je dirai au Chapitre suivant, le moyen et façon d'extraire le Mercure du Sol, et des autres métaux ; mais en la première confection dudit Sel d'Or, il n'a pas été besoin de le mettre en Mercure coulant, parce qu'en ce faisant, il eut été dépouillé de son sec terrestre, qu'on appelle Soufre, lequel a été la cause de fixer son propre Mercure, et humidité radicale, et le rendre tout en ladite nature de Soufre ou Sel fixe.

Et en cette seconde multiplication, et augmentation, il faut seulement avoir du Mercure extrait dudit Sol, pour augmenter, parce que le Sel premier, ou Soufre, convertira ledit Mercure en Sol ensemblement, de même que la lie de vinaigre convertit le vin en vinaigre.

Prenez donc votre Sel fait, et l'amalgamer avec autant de Mercure de Sol, et les mettez en un œuf Philosophique, bouché d'un bouchon de verre, pendant douze jour, en augmentant le feu de trois en trois jours; et les trois derniers jours donnez feu d'ignition, et vous aurez une poudre semblable, qui fera même effet. Ainsi vous pourrez multiplier votre Sel jusqu'à l'infini, y mettant toujours poids égal de Mercure de Sol, et le cuisant par douze jours.

CHAPITRE XIV

Pour extraire les Mercures de tous Métaux

Puisque la multiplication de notre Sel ou Lapis, se fait par l'adjonction du Mercure Solaire, il est nécessaire d'en enseigner l'extraction ; comme aussi, si la projection se fait sur les Mercures des corps imparfaits, il les faut aussi savoir extraire. Ladite extraction se fait, parce que les corps métalliques étant dépouillés de leurs terres, qui tiennent leurs Mercures liés, ils paraissent après la séparation de leurs terres crasses. Il y en a d'autre qui les ont voulu extraire sans l'aide du *mercure vulgaire*, mais s'y sont abusés, et ce qu'ils en ont tiré, a été peu, et avec grand labeur mais avec le *mercure vulgaire* il s'en tire beaucoup, et facilement, car il est, comme le véhicule, pour tirer son semblable, outre qu'il prend, et retient ce qui lui est homogène ; et délaisse, et rejette ce qui n'en est pas.

Or le Mercure se tire de quelques métaux plus abondamment, mais plus difficilement ; et des autres moins, et plus facilement ; et d'autre en moindre quantité, et encore plus facilement ; car de ceux, où il y a plus grande quantité de Mercure, il s'en tire plus, comme du Sol, qui n'est que pure Mercure, et après lui, la Lune ; après elle Jupiter ; puis le Saturne ; puis le Vénus, et finalement le Mars. Ceux qui plus facilement s'amalgament avec le Mercure, le Mercure s'en extrait facilement ; et qui difficilement, aussi difficilement. De plus, ceux qui sont fort mêlés et conjoint, et ont leur Mercure fort uni avec le Mercure terrestre pur, le Mercure s'en tire plus facilement, comme du Sol. Or voici le moyen de les tirer de tous les corps.

Il les faut *amalgamer avec mercure vulgaire lavé et purgé, et faire passer par le linge épais*, puis les calciner, comme j'ai dit ci-dessus de l'Or ; mais il n'est pas besoin de les calciner jusqu'à l'extrémité ni de voir tous les sept signes, mais il suffira, qu'ils soient en poudre impalpable, en laquelle leur dit Mercure est contenu ; lors mettez les en vinaigre distillé au B.M. et ledit vinaigre distillé tirera toute la couleur, et la douceur de la chaux; versez le doucement par inclinaison, et en remettez de nouveau; puis quand vous connaîtrez, qu'il aura tiré toute la douceur, et que ledit vinaigre distillé ne sera plus rouge, comme auparavant, il le faudra filtrer, et évaporer, et il vous restera au fond un Sel blanc, que ferez derechef dissoudre dans de nouveau vinaigre distillé, et ensuite filtrez, et congelez, afin de l'avoir plus pur et net; lequel Sel n'est que le Mercure mort, qu'il ne reste que de revivifier.

Prenez deux onces dudit Sel, qu'incorporerez, en broyant sur un marbre avec une once de *mercure vulgaire* purgé et le mettez dessécher dans le fond d'un alambic avec sa chape; étant sec, broyez-le derechef sur le marbre, et vous verrez que votre *mercure* aura revivifié à soi, tout le Mercure qui était mort dans ledit Sel; vous le pourrez aussi revivifier avec huile de Tartre, l'imbibant sur un marbre, et l'exposant à l'humide, mais l'importance est de bien purifier ledit Sel, afin qu'il soit en très menues parties, et séparé de sa terrestréité, qui détenait ledit Mercure, ainsi vous pourrez extraire les Mercures de tous les Métaux, qui n'est pas peu de chose.

Notez, que la chaux qui ne sera pas tournée en nature de Sel, qui aura demeuré au fond du matras, où l'on aura versé le vinaigre distillé par inclinaison devra être derechef recalcinée au feu modéré, et par degrés, dans un vaisseau très bien luté, à cause que le vinaigre distillé l'a rendu spirituelle ; puis refaire, comme vous avez fait la première fois, ce que vous réitérerez, jusqu'à ce qu'il ne se trouve plus rien dans ladite chaux, sinon une terre invalide.

L'on pourra tirer aussi les fleurs, qui monteront sur ledit vinaigre distillé, principalement de la chaux de Sol, ou de Lune, qui n'est autre chose qu'un vrai Mercure, étant bien réitérées, et purifiées.

Fin de la première partie.

SECONDE PARTIE

CHAPITRE I

De la cause efficiente

J'ai assez fait connaître dans la première partie (comme la vérité est) que la première matière en cet art, que la nature nous a baillée pour faire Sol, ou Lune, est le Mercure vulgaire, ou celui qui s'extrait des corps imparfaits.

J'ai aussi parlé de la cause efficiente, qui est celle qui meut cette matière prochaine, et lui fait acquérir forme et essence de nature d'Or et d'Argent, et c'est en général ; mais à présent je la veux d écrire un peu plus particulièrement, parce qu'en icelle gît tout le secret de cet Art, et qu'elle est plus noble et excellente que la matière ; tout ainsi que l'ouvrier est plus excellent que son ouvrage, et il est vrai de dire que cette cause efficiente est, et consiste en matière, de laquelle l'Or ou l'Argent sont procédés ; mais avec cette différence que celle-ci souffre, et endure d'être mue, altérée, et corrompue, et celle au contraire en laquelle est la cause efficiente, agit par les vertus qui sont en elle.

La cause efficiente donc, est une force et vertu, qui se trouve en une substance spirituelle, ou ténue, par laquelle elle meut la matière prochaine en cet art, qui est le Mercure vulgaire ou celui des corps imparfaits, afin de l'informer et lui acquérir une forme substantielle d'Or ou d'Argent telle qu'elle est, à savoir vrai Or ou Argent naturel.

CHAPITRE II

*Qu'aucun corps naturel n'a cette vertu de transmuer la
matière prochaine, mais par puissance seulement,
et pourquoi*

B ien que la plupart disent, que le Sol est
celui, qui a la force, et puissance de transmuer ladite matière prochaine en Sol,
toutefois nous ne voyons pas, que l'Or en son naturel, étant mêlé avec la matière prochaine, c'est
à dire le Mercure commun, ou celui des métaux,
la transforme en Sol; nous ne voyons pas non
plus, que les autres corps, qu'on dit avoir cette
puissance que de faire cette transmutation, le fassent en leur naturel. Ce qu'on dit donc, que l'Or,
et autres corps, ont la puissance de transmuer le
Mercure vulgaire, ou des m étaux, n'est point par
acte, mais seulement par puissance, autrement, si

c'était par acte, il est très certain que par la seule mixtion, la transmutation s'en ferait, ce qu'on a jamais vu. La cause et raison est, que ce qui fait la transmutation, c'est une substance spirituelle et ténue, en laquelle sont les propriétés du corps, accompagnées des quatre qualités premières, et secondes, par lesquelles cette substance agit et transmue, en atténuant, et corrompant la matière transmuable.

Or cette substance spirituelle ne se trouve en aucun corps, quel qu'il soit, pure et séparée, mais est toujours enveloppée, et unie d'une substance grossière, crasse, et impure qui empêche les effets des vertus, qui sont en la substance spirituelle. De plus, cette substance spirituelle n'est pas d'une sorte, mais en un même corps sont plusieurs substances spirituelles, différentes en vertus, et en actions, comme je dirai après. Or, ces différentes vertus empêchent les effets, les une des autres. J'en dirai un exemple démonstratif pour subvenir. L'eau de vie, qu'on, appelle Quintessence, est faite de vin, et a une vertu beaucoup plus excellente que le vin comme on peut connaître ; dont la cause est que cette Quintessence, ou eau de vie, qui est en petite quantité, était enclose en une grande quantité d'autre matière, qui est un corps sans aucune force ; car ce qui agit, est l'eau, et l'esprit, et cela se voit, et se connaît, non seulement ès corps vivants, et animés, mais aussi ès choses mortes, et qui consistent en la seule mixtion. Il est bien vrai, que ceci se voit plus manifestement ès corps, qui sont animés et vivant ; car si tôt que l'animal est mort, et l'esprit séparé du corps, le corps ne se meut plus, ni agit, comme auparavant ce qui fait voir, que l'esprit était la cause du mouvement et action, quand il était au corps. Ainsi au vin, l'esprit est l'âme du vin, qui baillait force, saveur, et vigueur à tout le vin, mais si tôt que l'eau de vie en est séparée, il est sans force, saveur, ni vigueur. Il ne faut point douter, qu'en l'Or, il n'y ait semblablement, une substance spirituelle enclose, laquelle a la vertu de transformer sa prochaine matière, qui est le Mercure vulgaire ou des métaux, mais elle est empêchée de faire ses effets par une matière grossière, crasse, et morte.

CHAPITRE III

Que nécessairement l'Art doit aider à la nature,
pour réduire l'Or en substance spirituelle

P uisqu'il est donc ainsi, que la nature ne nous a pas produit cette substance spirituelle, et subtile en l'Or, ni en quelque autre chose, ou corps que ce soit; il est nécessaire que l'art aide à la nature, pour les réduire à cette substance, et nature ayant ladite vertu de transformer, après qu'elle sera purifiée, et sublimée; c'est en quoi consiste tout cet art; et il n'en est pas comme de la matière, de laquelle l'Or est fait par artifice, car la nature nous a donné par sa libéralité; cette matière prochaine, sans autre extraction, qui est le Mercure commun, ou celui des corps imparfaits. Et il ne se faut pas étonner de ceci. Car l'Art fait des corps naturels, ayant forme et matière, ce que la Nature seule ne pourrait faire. L'art fait du verre, que la nature ne peut faire ; les eaux et liqueurs sont distillées, et séparées par l'Art, et ne peuvent être extraites par la seule nature. L'Art fait de la chaux des pierres, la nature ne le saurait faire. Or tout cela se fait par le feu extérieur, qui est instrument de l'Art ; mais il sera traité de ceci ci-après, et suffira de dire, que l'Art est nécessaire, pour réduire l'Or ou la matière, de laquelle notre Lapis est fait en une substance spirituelle, ayant la force de transformer sa prochaine matière.

CHAPITRE IV

*Par quel moyen l'on parvient à la connaissance
des diverses substances, qui sont aux Corps mixtes*

I l y a deux ordres par lesquels on connaît les parties, dont chaque corps est composé, l'un est appelé composition, l'autre résolution.

L'Ordre compositoire, est celui qui montre et enseigne les parties, desquelles le corps fut premièrement composé et mêlé ; comme par exemple, celui qui fait la Thériaque, sait qu'elle chose il faut prendre pour la composer ; de même aussi, celui qui fait le verre, sait qu'il est composé de sable, et cendres, de saude, fougère, ou autres cendres faites d'autre bois, ou d'autre corps.

L'Ordre résolutoire, est celui qui enseigne à résoudre et diviser le corps mêlé ès parties, desquelles il a été composé.

L'Ordre compositoire est fort obscur, et inconnu à l'art, car encore bien que nous sachions en général, que tous les corps sont composés des quatre éléments, et de matière, et de forme toutefois nous ne pouvons savoir la mode de la composition, et de leur transmutation, dont s'ensuivent les diverses formes aux natures, que nous voyons au corps naturels composés, et mêlés par la seule nature. C'est pourquoi, l'art ne pourrait faire un mélange de la même matière dont la nature la procrée aux minières de la terre, car cela est inconnu aux hommes, et ceux qui en ont écrit, sont différents en opinion des Principes, dont chaque métal est composé, et ne savent comment, parce que plusieurs altérations précédent, avant que la matière, dont ils sont engendrez, parvienne à la nature, et forme de métal.

L'Ordre résolutoire est plus familier à l'Art, parce que la chaleur extérieure, soit qu'elle soit putride, ou brûlante, résout tous les corps en diverses substances ; ce que nous voyons par la chaleur putride aux métaux. Et lorsqu'enfin, ils se résolvent en poudre d'une part, et en huile de l'autre ; et par le feu brûlant, en cendre d'une, et en fumée d'autre. C'est donc par l'Art résolutoire, que nous devons connaître les diverses substances des corps ; parce que le feu, en chaleur extérieure, nous est a commandement, et en notre puissance, par lequel comme cause efficiente, et instrumentale, toute la résolution est faite.

CHAPITRE V

Quelles sont les diverses substances
aux Corps mixtes naturels

P uisqu'ainsi est, que le feu résout tous les
corps, nous voyons par expérience que la
résolution se fait en deux substances, l'une
desquelles est humide et l'autre sèche ; et ainsi, à la
vérité, tout corps consiste de sec, et d'humide ; le sec
comme terre, l'humide comme eau ; car ces deux éléments, la terre et l'eau sont visible et fort sensible ; il
est bien vrai que l'air et le feu, y sont compris, mais
c'est plutôt par leurs qualités, que par leur substances, au moins qui soient visibles. Cette résolution
ès corps, qui sont de faible mixtion, est fort apparente, comme au bois ; car nous voyons, que par le
feu, une partie s'en va en fumée, qui est humide, et
l'autre partie en cendres, qui est la terre ; mais ces

humidités et siccités, se divisent en autres substances, car il y a une sorte d'humidité, qui est aqueuse, de nature d'eau ; et l'autre oléagineuse, sujette à être brûlée, de nature d'Air. De plus, cette double sorte d'humidité se divise encore ; l'une est séreuse et déliée ; et l'autre visqueuse, épaisse et crasse. Quant au sec, il se divise aussi. Car une partie est Sel, l'autre partie est une terre morte, propre à être tournée en verre, et toutes ces substances se voient à l'œil. Car quand le bois est exposé au feu, il rend une humidité (principalement s'il est vert) laquelle mouille, et cette humidité est aqueuse et déliée ; il rend aussi de la flamme, et cette humidité est oléagineuse, qui n'est pas aussi destituée d'humide aqueux, ferreux, et délié. La flamme étant passée, il se fait du charbon, auquel est contenu l'humeur aqueux, oléagineux, visqueux, épais, et crasse, et la cendre est le Sel, et la terre morte : car si cette cendre est mise en eau chaude, et qu'on la fasse couler, on en fait une lessive, et tout ce qui sera de la nature de Sel, sera fondu et résout en ladite lessive, laquelle étant filtrée, et évaporée, ce qui restera au fond sera vrai Sel, et ce qui ne se pourra résoudre, sera terre morte et inutile ; si ce n'est qu'on en veuille faire du verre, par la force du feu.

CHAPITRE VI

La différence de toutes ces substances

Quoique toutes ces substances soient procédées d'un seul corps, et que, lorsqu'elles y furent toutes, il n'y eut qu'une seule forme, toutefois étant séparée, chacune d'elle à sa propre forme, vertu, propriété, et qualité, qui les distingue, et sépare les unes des autres. Il est bien vrai que l'humide aqueux, l'oléagineux, et le Sel, sont substances par métaphore unies, parce qu'elles ont des propriétés et vertus occultes, pour agir, mouvoir, changer, altérer, et corrompre mais la substance dernière, qui ne sert que pour faire du verre, est comme terre, n'ayant point aucune propriété ou vertu de changer, mouvoir, altérer, ou corrompre. Cette substance morte est nommée fixe impure, des essences susdites vives, spirituelles et actuelles, laquelle empêche les effets desdites essences vives, et spirituelles.

Or de ces trois Essences, les deux sont volatiles, c'est-à-dire l'humeur aqueuse et l'oléagineux et la troisième fixe, c'est-à-dire, le Sel.

L'humeur aqueuse, est appelé par Paracelse, Mercure de qualité de l'Élément de l'eau, qui est froide et humide ; il ne brûle non moins plus que l'eau, et contregarde le corps, auquel il est, d'être brûlé ; car ses qualités contraires à celle du feu, qui sont chaudes et sèches ; celui qui est ferreux, est comme étranger, et baille mouvement au corps vivant et végétable, et est seulement terre des corps des animaux, et végétaux, et non pas des corps inanimés qui ne croissent, ni ne vivent.

Mais l'humeur aqueuse, visqueux, et crasse, est propre aux animaux, végétaux, minéraux et autres corps inanimés, et est celui qui lie, et conglutine le sec terrestre, qui autrement demeurerait poudre. Cette humeur, dis-je, aqueux, visqueux, et crasse, est appelé radical, parce qu'il fait partie de l'essence, ou substance du corps. L'humeur oléagineuse, est appelé par ledit Paracelse Soufre, et a la qualité de l'humeur de l'air, qui est chaud et humide ; cet humeur brûle comme le Soufre, et aide à brûler tous corps, auxquels il est uni ; car son humidité ne résiste pas beaucoup au feu, mais elle est la viande du feu, et facilement se tourne en icelui, à cause de la qualité de chaleur, qui convient avec le feu ; celui qui est aéreux, et délié, est sujet à inflammation, mais celui qui est visqueux, et crasse, ne baille point de flamme, mais est rouge au feu sans flamber, comme celui qui est au charbon. L'une et l'autre humeur oléagineuse est essentielle, et radicale, et lie, colle, et conglutine les parties terrestres, afin qu'elles ne soient réduites en poudre ; il baille aussi la teinture, et la couleur au corps, auquel il est, mais à cause qu'il brûle facilement, le feu agissant en lui, le corps qui en était conglutiné, est facilement mis en cendres.

La troisième essence, qui est appelée Sel, ne change point de nom, selon la susdite autorité de Paracelse, et a la qualité de terre, en ce qu'il est sec, et la qualité de feu, en ce qu'il est chaud ; par l'une et l'autre de ces deux qualités, il tempère la trop grande humidité de l'humeur oléagineuse, et la trop grande froideur de l'humeur aqueuse, et fixe et arrête leur volatilité, et les contient, et retient en un corps d'une même forme. La terre morte n'a point de nom, sinon qu'elle est appelée terre damnée, vile, et méprisée; elle a les qualités de terre, sec, et froid; mais la siccité est bien plus grande, et telle est la qualité du verre, qui est fort sec.

Or, quoique chacune desdites quatre substances séparées aient les qualités d'un Elément, elles ne sont pas toutefois pour cela des Eléments naturels, mais chacune des quatre substances contient en soi les quatre Éléments; mais à cause des qualités, qui surmontent et abondent en elles, elles ont le nom desdits Eléments, car d'autant qu'en l'une des humeurs, le froid abonde, on lui baille le nom d'eau; et en l'humeur oléagineuse, parce que l'humide abonde, il a le nom d'air; et au sel, parce que la chaleur surmonte, il a le nom de feu, et en la terre morte, parce que la siccité surmonte, elle a le nom de terre.

Donc de toutes ces quatre substances, celle qui a la qualité plus active est la noble et excellente, et agit plus, comme est le Sel pour deux raisons, l'une parce que la qualité sèche, qui est passive, est la Lune, comme disent les Physiciens, à l'égard de la qualité active, avec laquelle elle est adjointe.

L'autre raison est, que ce Sel est fort ténu et subtil, et en cela il n'a pas la qualité de la terre, qui est crasse, et cette ténuité, qui est en ce Sel, est ténue et rare. L'humeur aqueuse a bien la qualité froide de l'eau, qui est aussi une qualité active, mais à cause de son humidité et crassité, il n'agit pas comme le feu, et n'est pas une substance si excellente ; mais l'humeur oléagineuse, encore que sa première qualité, qui est humide, ne soit pas active, mais passive, toutefois à cause de sa grande ténuité de substance, et que son humidité ne résiste pas beaucoup, il pénètre, et agit beaucoup ; parce que son humidité est aussi aidée de chaleur, il se tourne facilement en nature de feu, son humidité étant consommée ; partant sa substance est plus excellente que celle de l'humidité aqueuse, en tant que touche l'action, et la vertu ; mais en tant que touche la résistance, l'humeur aqueuse résiste plus que l'oléagineuse ; car le feu ne consomme point l'humeur aqueuse, ni ne le peut dissiper. Le sec terrestre, ou terre morte, est la plus vile et abjecte substance de toutes, soit parce que sa première qualité, qui est siccité, est passive, soit parce qu'elle est trop crasse, et ne peut pénétrer, soit que la froideur, qui est la seconde qualité, n'est guère forte, toutefois en résistance, elle surmonte toute les autres ; comme le verre, qui est incomsomptible par le feu, parce que sa substance est dépouillée de toutes substances mobiles, et volatiles et son humidité est fort épaisse ; mais elle est fort fragile, parce qu'il est privé de l'humide subtil.

CHAPITRE VII

Que toutes ces substances sont quasi
en tous les corps

P arce que nous voyons, que quasi tous les corps naturels sont sujets au feu, et sont consommés par lui, et en après brûlés par le feu, et finalement réduits en cendres, nous jugeons que toutes ces substances sont en chaque corps naturel mixte, de quelque espèce ou qualité qu'il soit, mais par mélange, et comme par puissance, c'est-à-dire, qu'on ne voit pas ses substances alors en la mixtion, comme on les voit, après qu'elle sont séparées par le feu, selon les accidents qui apparaissent et se manifestent ; car l'humeur aqueuse s'évapore, et l'humeur oléagineuse se brûle, et le pur terrestre par décoction se tourne en nature de Sel, et le sec impur terrestre se tourne par forte expression de feu, en verre.

Les végétaux, et parties mortes des animaux, se divisent facilement édites quatre substances, parce que leur mixtion n'est pas forte ; mais celles des minéraux se sépare difficilement, parce que leur substances sont fortement mêlées, et quasi inséparables, à cause de leur forte union, et quoique leurs substances soient divisées, elles apparaissent toutefois en la mixtion être toutes unies. De plus, toutes leurs substances, après qu'elles sont extraites, ne sont pas de même nature ; car l'humeur aqueuse d'un végétal, n'est pas semblable à l'humeur aqueuse d'un animal, ou à celle d'un minéral. C'est d'autant que, comme leurs formes et natures en la mixtion sont diverses, aussi leur sujet, après la séparation, est divers ; toutefois, quand à la tête morte, de laquelle le verre est fait, il semble qu'elle soit extraite semblable de tous les corps, parce que toutes ces terres mortes, de quelque genre et espèce de corps que ce soit, il s'en fait un verre, et ce, d'autant que le verre est une dernière substance, qui ne peut être changée en autre forme ; mais les autres substances spirituelles, comme j'ai déjà dit, peuvent bien être changées de leur première forme, et en acquérir d'autres.

Or j'ai dit, que quasi tous les corps contiennent par puissance, ces quatre substances, si est-ce qu'il y en a quelques-uns, qui ne les ont pas toutes. Car l'Or, et le Mercure, ne contiennent aucune substance oléagineuse, sulfureuse, ou brûlante, c'est-à-dire, que la seule substance aqueuse est épaisse en l'Or, et non au Mercure, et le pur terrestre sec, qui les contient par mixtion uniforme, aussi contiennent-ils bien peu de terrestre impur intérieur, et encore plus le Mercure, que le Sol ; c'est pourquoi l'Or ne peut être calciné par le brûlement, parce que pour brûler, il faudrait qu'il eut de la substance brûlable sulfureuse, laquelle étant consommée, son sec terrestre pur demeurât, mais ce sec terrestre est lié par l'humeur aqueuse très pur, et subtile, et puis est cuit par la coction naturelle, laquelle humeur aqueuse est incombustible, comme l'eau, parce que ses qualités sont contraires au feu, et lui résistent, mais tous les autres métaux contiennent une oléagineuse, sulfureuse, combustible et brûlante ; c'est pourquoi ils sont tous consommés par le feu, par combustion, même l'argent au Ciment. Le signe est, que lorsqu'ils contiennent cette substance sulfureuse, le Soufre entre facilement en leurs corps, les pénètre, brûle, et extermine ; mais quant à l'Or, et au Mercure, le Soufre n'y entre, ni ne les endommage en aucune façon, et quoiqu'en la Lune, Jupiter, et Saturne, on ne voie point de fumée, quand ils fondent à force de feu, ils ne laissent pas pour cela, de contenir une substance de Soufre brûlante, et brûlable, mais elle est cachée, et ne se manifeste point à cause de leur grande quantité de substance ignée, qu'ils contiennent, et en effet tous les métaux ont plus, ou moins de substance ignée les uns, que les autres.

CHAPITRE VIII

Quel profit apporte en l'art, la connaissance
de toutes ces substances

Le fruit que nous pouvons tirer de la connaissance de toutes ces substances, est que, qui les ignorera, ne saurait rien faire en cet art, et ne procédera qu'en aveugle ; comme au contraire, celui qui les saura et les connaîtra, peut tout savoir, et y procéder les yeux ouverts.

Premièrement, cette connaissance des diverses substances nous enseigne la matière, de laquelle l'Or est fait en cet art, car d'autant que l'Or s 'éprouve par le feu, qui consomme toutes substances brûlables, il est certain que la substance oléagineuse, sulfureuse, et brûlante, qui est aux métaux, ne sera pas la matière, de laquelle l'Or est fait. Il la faut donc séparer des corps imparfaits ; l'Or ne sera pas aussi de la matière terrestre, impure et morte, de laquelle le verre est fait, parce que l'Or est docile, et maniable, et la terre vitrificative est frangible, joint que la terre de l'Or est très subtile et pure. Donc il faudra séparer cette terre impure vitrificative, et restera la substance aqueuse pure, mêlée avec son Sel pur et subtil, et cette substance est Mercure. Il s'en suivra donc, que le Mercure vulgaire ou celui des métaux sera la vraie matière de laquelle l'Or sera fait en cet art, comme en effet il est.

C'est bien l'un des principaux points, que de connaître la vraie et prochaine matière, de laquelle l'Or est fait, parce que ceux qui travaillent en matière qui n'est pas disposée à recevoir la forme d'Or, travaillent en vain. Par là l'on découvre l'erreur de plusieurs, qui calcinent les métaux, les cimentent, les résolvent en eau forte, en huile, sublimant des Esprits dessus, les réduisent en corps, et ne trouvent rien, car ils corrompent et brûlent les corps, et finalement les réduisent en verre. Or, qu'on fasse ce qu'on voudra, jamais on ne transmuera les métaux en Or, par quelque façon que ce soit, si on ne les purge de leurs substances oléagineuse, sulfureuse, et brûlante. Et si on n'en tire leur impureté terrestre vicieuse, et qu'on ne les réduise en Mercure. Cela se fait en deux façons; l'une, par la voie particulière, par la réduction en Mercure coulant, en séparant toute autre substance étrangère, et puis digérant ce Mercure avec la chaux d'Or. L'autre par le Lapis, qui en un instant fait cette séparation et digestion, et le Corps imparfait (pour rechercher la matière, pour en faire Sol) ne doit point être hors de la nature et forme de Mercure.

Quand on a trouvé la matière propre et disposée, il ne reste plus qu'à trouver la cause efficiente, laquelle digère cette matière, et lui baille forme d'Or, et cela se démontre aussi, par ladite connaissance des diverses substances, qui sont en l'Or ou autres métaux. Car en toute opération, il faut une matière qui endure, résiste, et soit propre et disposée; et l'autre qui agisse, et soit forte. Il a été dit, que des trois substances spirituelles, savoir l'humides aqueux, l'humide oléagineux, et le sec subtil intérieur, le seul humide aqueux est celui qui résiste, et n'est point brûlé ni consommé par le feu, quand il est cuit avec son sec terrestre pur. Et quand à la matière qui agit, il a été dit, qu'il n'y a que les sels, parce qu'ils ont les qualités du feu, chaleur et siccité, et ténuité de substance. C'est pourquoi il faudra trouver le moyen de faire du Sel d'Or.

La matière qui reste, c'est-à-dire Mercure, a vraiment le nom de matière, non d'argent; car il ne fait aucune action; mais le Sel est comme la forme, de laquelle procèdent tous les effets; et plus de matière a un corps, et peu de forme, moins a-t-il de vertu pour agir; et plus il a de forme, et moins de matière, plus a-t-il de vertu et d'efficace. C'est aussi pourquoi l'on connaît la perfection du métal, quand il endure toute la violence du feu, et qu'il ne peut être corrompu par icelui. Par la même raison, l'on connaît encore la perfection du Lapis, quand il agit, et transmue, et qu'il résiste aussi à toute injure du feu. Par cela on découvre manifestement l'erreur de ceux, qui veulent que l'Or en son métal, mêlé avec d'autres m étaux, ou Mercure vulgaire, les transforme; car l'Or en son naturel, n'a aucune action, mais souffre seulement, et résiste contre toutes les injures de feu, du Soufre, et d'autres choses brûlantes, et corrosives, mais quand il est tourné en nature de Sel, alors il agit, et montre ses effets, comme le feu, car alors il a ses qualités.

Que si l'Or en son naturel, ne peut transmuer les autres métaux, beaucoup moins les autres métaux pourraient-ils faire cette transmutation ; car outre l'action, que doit avoir ce qui fait la transmutation, il faut aussi qu'il soit fixe, et résiste contre le feu ; mais nul corps n'est fixe, et ne résiste au feu, que l'Or, donc en vain cherche-t-on en autre chose le Lapis, ou notre Sel, qui doit faire cette transmutation. Je puis donc conclure nécessairement, et à bon droit, qu'il n'y a rien, qui puisse fixer le Mercure vulgaire, ou celui des métaux imparfaits, que le Sel d'Or ; et par cette connaissance, on se donnera garde d'entrer en une infinité de sophistications, qui n'ont aucun fondement solide, mais seulement quelques apparences, sans raison ; ainsi ceux qui s'y amusent, se trouvent toujours trompés, et jamais n'y ont trouvé, ni n'y trouveront aucun profit.

CHAPITRE IX

*Qu'il y a deux voies par lesquelles on parvient
à faire le Sel d'Or, ou Lapis des Philosophes*

Puisque la plus commune opinion est, que
la matière du Lapis est l'Or, et que quand
il est réduit en nature de Sel, c'est le vrai
Lapis, et que c'est une chose si importante en cet
art ; il faut soigneusement rechercher les moyens
de faire ce Sel d'Or. Car encore que je l'ai dit en
la première partie, j'en veux néanmoins encore ici
parler.

Les Modernes ont estimé, que le plus court
chemin était, d'extraire ce Sel, à la mode et façon
qu'on extrait le Sel des végétaux, ou animaux, qui
est d'extraire sa substance ignée, et puis l'oléagineuse, et calciner sa cendre, qui reste, et puis en tirer le Sel par dissolution, filtration, et coagulation,

réitérant souvent de fois cette solution, filtration, et coagulation, et pour rendre ce Sel plus actif, le sublimer par le moyen de l'humide aqueux, puis fixer ce Sel Sublimé par circulation, avec l'humide aqueux, finalement insérer avec son humide oléagineux, ce qui en aura été extrait, et d'autant que la dissolution de l'Or est difficile de soi, il serait aidé des eaux fortes minérales, végétales, animales, et mixtes ; et ce Sel ainsi fait, l'ont appelé Lapis.

Mais les Anciens et plusieurs autres, ont repoussé cette façon de faire ce Sel d'Or ; car il on dit, qu'il ne fallait point qu'il sortit hors de sa nature de Mercure, mais qu'il devait seulement être altéré de ses qualités, c'est-à-dire, que le Mercure de l'Or, qui est froid, humide, chaud, et sec, doit être tant cuit, qu'il demeure en nature de Sel fusible, sans corruption, ni destruction de sa substance par lesdites eaux.

Ils disent aussi, que la résolution de l'Or en parties élémentaires, est impossible ; car s'il était résoluble, ce serait en la substance spirituelle susdite. Or de substance oléagineuse brûlante, il n'en a point, c'est pourquoi il ne se peut résoudre. De plus, l'humide aqueux visqueux, est inséparable de son sec pur, ténu, et terrestre, parce qu'il ne peut brûler, mais le même humide aqueux peut bien être altérer, et d'humide, être rendu sec, avec son sec, par décoction, et ce sec peut encore devenir plus sec, jusqu'à ce qu'il se tourne en nature de Sel, chaud et sec, car les qualités reçoivent plus ou moins, c'est-à-dire qu'elles peuvent être plus grandes et moindres en qualités. La chaux de Sol est le sujet ou matière, en laquelle sont lesdites qualités ; car si elles étaient sèches, la chaleur et siccité seraient plus grandes ; et si humide, elles seraient moindres.

Quand le Mercure de Sol se dessèche, la chaleur en est plus grande. Or pour faire ce Sel, ils disent qu'il n'est besoin, que de dissoudre le Sol par le Mercure, afin que tout soit Eau épaisse, laquelle par décoction devient Sel, encore que l'Eau fût claire, cela se voit en l'urine, dont on tire le Sel, et du vin, qui se rend en Soufre, lequel par décoction devient Sel.

Il est aussi croyable que la mer est salée, parce qu'avant sa salsitude, elle était une eau simple, mais mêlée de sa terrestréité, qui par décoction est devenue salée ; quoiqu'Aristote en baille une autre cause, disant que c'est l'exhalaison terrestre, qui monte, et descend continuellement. Quoiqu'il en soit, ils ont dit, que Sol et Mercure, par décoction, étant résout en Mercure, deviennent poudre, et cette poudre par plus grande décoction, devient salée, et vrai Sel; pour moi j'approuve plus l'opinion des Anciens, que des Modernes, et a bien plus grande apparence de raison.

Or j'ai dit dans la première partie, comme se faisait ce Sel d'Or; c'est pourquoi, je n'en parlerai pas d'avantage; je dirai seulement, tant selon l'opinion des Anciens que des modernes, qu'il le faut purger de son impureté, et terre morte et crasse, qui empêche l'action de son humide aqueux, et sec terrestre, pur et spirituel; mais cette terre impure et morte est fort petite en quantité; car l'Or est quasi tout pur, et une essence spirituelle, fixe toutefois; et finalement, cet humide aqueux doit être décuit, jusqu'à ce qu'il ait acquis nature de Sel fusible en toutes liqueurs, et lors ce Sel coagulera, arrêtera, et fixera le Mercure tant vulgaire qu'extrait des métaux, par projection en fin Or.

CHAPITRE X

Comme les Anciens ont fait l'œuvre
en diverses manières

Il faut savoir que l'œuvre des anciens Philosophes se peut faire en diverses sortes, dont il y en a une plus courte, qui est celle, dont nous avons parlé ci-dessus.

La seconde opération se fait au feu des verriers, quand les corps mols imparfaits, sont faits dur, jusqu'à ce qu'ils ne varient plus ou changent de leur couleur, et avec le ferment de Sol, ou Lune, se laissent réduire en corps, et y ajoutant de l'un, ou de l'autre desdits Corps, se réduisent en leur ferment ; par cela se fera la transmutation.

La 3. Manière, par la chaux des corps imparfaits, faite au four des verriers, par l'espace de vingt jours, puis pulvériser la chaux sur le marbre avec du Mercure vulgaire et de l'Esprit de vin, avec de l'huile de Tartre, le faisant premièrement bouillir dans l'huile de Tartre, jusqu'à ce que le Mercure soit amalgamé avec le Sel des métaux, et mêler avec cet amalgame, un peu de Sol, ou de Lune, puis après, les mettre dans un petit matras, et les réduire par coction, en poudre blanche, ou rouge, selon son ferment, qui se pourra multiplier avec le Mercure vulgaire jusqu'à l'infini, et peuvent être réduits en Sol, ou Lune, aussi bons que naturels.

La 4. Se fait, ôtant le Sel de la chaux des corps des métaux et sublimé en forme de Soufre, et le Soufre fixé avec son ferment ; et si le Sel est de Lune, le ferment sera de Lune, et s'il est de Sol, le ferment sera de Sol, et se fixera avec leur huile blanche, ou rouge, jusqu'à ce qu'ils se fondent sans fumer.

La 5. Manière est, par dissolution de Sel, sans addition d'autre chose, que le Soufre d'Or, et de cette dissolution l'on fait un Or potable, et médecine fort profitable pour le corps humain.

La 6. Et la plus difficile de toutes, est d'animer, de calciner, et de dissoudre l'Or dans l'eau philosophique, ou l'on trouve l'âme du monde, par la séparation des Éléments; et des deux conjoints ensemble, provient la salamandre fixe des Philosophes, et le fils très cher du Soleil.

CHAPITRE XI

La Pratique des Sels métalliques

L es Sels des deux corps parfaits, ont pouvoir de fixer les autres sels des autres métaux imparfaits.

Le Sol calciné, puis réverbéré par huit jours, se lave avec eau chaude, se broie sur le marbre, puis desséché, se réverbère vingt quatre heures, continuant ainsi de laver, sécher, et réverbérer par douze fois.

La Lune se calcine de même que Sol, sa chaux est de couleur d'azur.

Le Vénus se calcine au réverbère par trente jours et il s'en fait une chaux, qui est verte.

Le Saturne se calcine au réverbère en vaisseau clos par vingt jours ; sa chaux est blanche.

Le Mars rougi, et éteint plusieurs fois, puis réverbéré trente jours ; la chaux en est rouge.

Le Jupiter se calcine, comme le Saturne ; sa
chaux est fort blanche.

Le Mercure vulgaire est très volatil, ce qui fait
qu'il ne se calcine pas comme les autres ; mais il le
faut dissoudre en eau, faite de deux partie d'alun
et d'une de Nitre, et étant dissout, mettre dessus
de l'eau de fontaine, en laquelle ait été dissout un
peu de Sel commun, et le Mercure ira d'abord au
fond, en chaux blanche ; retirez l'eau par inclinaison, et après lavez ladite chaux de Mercure.

Quand les corps sont ainsi calcinés, les chaux
se doivent laver sept ou huit fois, avec Eau distillée,
tant qu'elle soit sans ordure, puis en tirer le Sel
avec du bon vinaigre distillé *douze fois autant que de
chaux*, et faites bouillir en vaisseau de verre, tant de
temps que *la moitié de vinaigre distillé soit consommée* ;
videz après le vinaigre distillé par inclinaison étant
rassis, et en remettez d'autre, réitérant si souvent,
que vous ayez dissout quasi toute ladite chaux ; après
retirez vos vinaigres distillez par le bain Marie à feu
fort lent, laissez refroidir, et au fond, vous trouverez
votre Sel beau, luisant, et pénétrant ; et souvenez
vous, de faire la distillation à feu fort modéré.

Prenez après deux parties de Sels de Sol, et une
partie de Sel de Lune incorporez les, et broyez fort
subtilement, avec une partie de chaux, ou cendre
de Sol préparée, comme ci-devant est dit, pour
ferment, et cette médecine tombera en projection
sur cent de Lune, et la convertira en vrai Sol. De
même deux parties de Sel de Sol, et une partie de
Sel de Vénus, avec une partie de Sol en chaux ;
et ainsi des autres particularités, avec les Sels des
parfaits, et imparfaits, en observant de mettre toujours deux parties de Sel du corps parfait, et une
partie de l'imparfait, pour servir de ferment.

Mais je puis assurer, que celui qui veut parvenir au vrai secret de Nature, après avoir tiré les Sels
par le vinaigre distillé, il en faut encore tirer une
substance plus subtile, par la liqueur de l'œuvre
d'Hermès, acuée de son Sel, observant que s'il y
a quatre onces de Sel de métal, il faut mettre une
once de ladite liqueur, puis mettre tout à dissoudre, et distiller par le bain Marie, puis l'huile par
les cendres, et s'il demeure quelque chose à distiller de l'huile, faut jeter l'eau dessus, et tout se
dissoudra ; laissez rasseoir et videz l'eau claire par
inclinaison, et distillez par le bain, le Sel demeurera au fond comme cristal, qui est Soufre métalli-

que qui congèle tout Mercure en médecine, quand son eau lui est rendue, et remise par dessus goutte à goutte, sur cendres chaudes, et étant fixe, faudra faire fort, et tout fondra, et sera Sel cristallin, dont on pourra faire des merveilles.

Pour la multiplication vous prendrez la médecine, et la mettrez dedans une fiole de verre, et sur une once d'icelle, mettrez trois onces d'amalgame de Mercure de Sol; et s'il est au blanc, faut de la Lune, laissez-le tout sur cendres à petit feu, l'espace de douze heures; quand la médecine sentira la chaleur, elle se fondra, et par sa vapeur transmuera le tout en vraie médecine.

FIN.

TABLE
DES CHAPITRES

LE TOMBEAU DE LA PAUVRETÉ
PREMIÈRE PARTIE

SECONDE PARTIE

www.ingramcontent.com/pod-product-compliance
Lightning Source LLC
La Vergne TN
LVIIW051134080426
835510LV00018B/2408